Vera Hewener

AF285358

Oh Herbst, wandle!

Natur, Stadt & Land

Die schönsten Herbstgedichte

Was ist der Herbst? Erntezeit, Farbenfeuer, Abschied, Wandel? Wenn die Beeren des schwarzen Holunders reifen, beginnt der Herbst. Stürme lassen die Blätter rauschen, Zugvögel verlassen die Brutgebiete, Hirsche röhren. Das Buch versammelt neueste und ausgesuchte Herbstgedichte über die Natur in Stadt und Land aus dem literarischen Werk von Vera Hewener.

Vera Hewener, Jahrgang 1955, lebt als freie Schriftstellerin in Püttlingen. Sie erhielt für ihr Werk mehrere internationale Literaturpreise, u.a. Superpremio Cultura Lombarda vom Centro Europeo di Cultura Rom (I) 2001, Grand Prix Européen de Poésie von CEPAL Thionville (F) 2005, Trophäe Goethe 2007, zuletzt Wilhelm Busch Preis 2017.

Pressesplitter
„Heweners Sprache ist Rhythmus und Malerei." Beatrix Hoffmann, SZ 07.05.02 „Zart und duftig sind viele dieser Gedichte, voller Freude über den Einklang mit der Natur; hymnisch-gewaltige Gesänge lassen an Hölderlin und Rilke denken." Jürgen Kück, SZ 17.11.03 „Zart und duftig wirken auch die Naturgedichte, ganz in Anlehnung an sapphische Odenstrophen geschrieben, Stimmungslyrik von emotionaler Dichte." Walter Faas, SZ 28.05.04 „Fundgrube von unverbrauchten, unverfälschten Metaphern." Georg Fox, Wochenspiegel 07.07.04 „Jedes Wort schillert und ruft ein Bild hervor. Vera Hewener baut aus dem, was sie sieht, kleine Wortkunstwerke." Beatrix Hoffmann, SZ 07.11.2011 „Anmutige, unverbrauchte Bilder, ...findet Vera Hewener für das unaufhaltsame Werden und Vergehen der Natur, für dieses Wunder der ständigen Erneuerung." Ruth Rousselange, SZ 07.06.17 „Offensichtlich steckt auch ein Schalk in Hewener." Anja Kernig SZ 07.12.17

Vera Hewener

Oh Herbst, wandle!

Natur, Stadt & Land

Die schönsten Herbstgedichte

Die Deutsche Bibliothek verzeichnet diese Publikation in der Deutschen Nationalbibliografie; detaillierte bibliografische Daten sind im Internet unter www.http://dnb.dnb.de abrufbar.

© BoD - Books on Demand GmbH. Alle Rechte vorbehalten. Das Werk, einschließlich seiner Teile, ist urheberrechtlich geschützt. Jede Art der Verwertung ist ohne Zustimmung des Verlages und der Autorin unzulässig. Dies gilt insbesondere für die elektronische oder sonstige Vervielfältigung, Übersetzung, Verbreitung und öffentliche Zugänglichmachung.
© Für die Texte und Illustrationen: Alle Rechte bei Vera Hewener
Titelbild unter Verwendung eines Fotos von www.pexels.com

© 2021, Vera Hewener
Herstellung und Verlag:
BoD – Books on Demand, Norderstedt
In de Tarpen 42
D- 22848 Norderstedt

Printed in Germany
1. Auflage 2021
ISBN 9783754320655
9,00 EURO

Inhaltsverzeichnis

5

Sonnenwende

Auf dass es hell wird
gähnt die Nacht
auf dass es scheint
hallt der Mond
auf dass es leuchtet
seufzen die Sterne

doch die Sonne die am Vorabend
noch zeterte wechselte die Seiten
und lies die Vorredner
im Dunkeln stehn

„Rausche auf Kastanie rausche"

Herbstrauschen

Des Sommers Reife hat der Herbst vollendet.
Der Nebel hat die Wälder eingehüllt,
gepflückt die Frucht, die Fässer sind gefüllt.
Des Sommers Reife hat der Herbst vollendet.

Der Nebel hat die Wälder eingehüllt.
Der Waldschrat ruft, wenn raue Stimmen plauschen,
und Sturmwind tost, die alten Bilder rauschen.
Der Nebel hat die Wälder eingehüllt.

Gepflückt die Frucht, die Fässer sind gefüllt.
Doch alle Stürme, die du ausgefochten,
den Mut zu nehmen sie niemals vermochten.
Gepflückt die Frucht, die Fässer sind gefüllt.

Herbstfieber

Die Stadt trägt schwer am Blättern ihrer Bäume,
die ausgezehrt im Feuerrot verglüh'n.
Im strengen Wind zerstoben Fieberträume,
wenn auch die Amsel weiterschaukelt kühn

im Karussell der Äste. Die Wolken brettern
im Schnelldurchgang voran. Was wird sich müh'n,
Schritt zu halten mit den rauen Wettern,
wenn nur noch Herbstzeitlose in den Gärten blüh'n?

Aber im Fluss die Schwäne treiben lautlos
durch Wind und Kälte, als wären Jahreszeiten
bloß Erfindung, Flunkerei des Kosmos,

den tagesfrühen, blinden Dunkelheiten
Bedeutung zu verleihen, die sich ausdrückt
in Gewittern, der Lebenslust entrückt.

Septemberlied

Tannenbrand im Wiesenhag
und des Efeus grünes Blenden
will dem Ölkrug Wärme spenden
rausche Glut Septembertag

Gräser mir zu Füßen fächeln
letzten Gänseblümchen zu
bald schon geht zur Winterruh
Storchenschnabels herbes Lächeln

ach mir wird ganz leicht zu Mute
in des Gartens später Milde
Liebesperlen streut der wilde
Strauch vor kargen Herbstes Knute

rausche auf Kastanie rausche
einmal noch lass Laub sich wiegen
bis die Frucht hinab geschieden
dir Septemberlied ich lausche

Gewidmet Mechthild und Mario Mang Püttlingen, Ritterstraße.

Herbstinferno

Blätter leuchten feurig in den Kronen,
Drachen steigen auf in Windes Loft,
steigen auf, verfangen sich in Zonen
wilder Stürme, gänzlich unverhofft.

Blitze zünden, rasen in die Erde,
Donnergrollen rollt mit tiefem Bass.
Unruhe ergreift die ganze Herde,
jeder Schutz sucht vor dem Hagelprass.

Herbstgewitter tobt und lässt dich zittern,
vor dem nächsten Einschlag wappne dich.
Jäger schon nach fetter Beute wittern,
Schwarzwild durch das Herbstinferno schlich.

Laubwechsel

Laubkolonien wechseln die Farbe.
Wer gewinnt die Röte der Blätter,
wer den Bast?

Schlackerwetter wühlt im Morast,
Mäuse danken der Garbe.

Herbstwandel

Im Goldhauch verklimmen
die Schäden des Sommers.

Auf den Wegen,
die ich kreuzte und durchlief,
trauert bunter Blätterfall.

Farbenverlust
kostet von der Hoffnung,
dass der Herbst
den Niedergang wandelt,
der uns hinabsteigen lässt
in ein Verlies aus Zeit.

Wenn das Vergessen beginnt,
werden alle Reisen ziellos sein
und die Ausstattung der Räume
unbedeutend.

Ihr Feuerfarben des Herbstes,
Buntspiel der Sonnenwende,
taucht das Land in Gold,
bis alles Rote verblasst.

Kein Licht zu gewinnen,
wenn das Grau undurchdringbar
und die Auflösung verweigert.

Frackvögel im Abflug,
Vereinsamung der Nester
ruft den Beelzebub.

Die an Drachenleinen ziehen
stoppen den Freiflug
vor dem Niedergang.

Herbstzeitlose

Ach Herbstzeitlose,
welch Lila leuchtet im Hang!
Wem folgst du, wo des Nordwinds Getose
durch das Horn der Gräser drang,
wo das letzte Blatt nur noch lose
am Zweig mit diesem Stürmen rang?

Doch standhaft bist du.
Bis zuletzt trägst du dein farbiges Kleid,
hast zwischen Dahlie, Aster und Rose
dich in die Gärten gereiht.

Herbstmorgen

Von Halmen tropft der Tau der Nacht,
die Nebel streifen Beet und Heide.
Wenn Morgenrot die graue Fracht
belichtet, aufhellt, sich entfacht
das Sonnengold mit voller Pracht,
wiegt schon der Herbst die Weide.

Wendekreis des Herbstes

Noch strahlen farbenkräftig Asternsterne,
an Mauern rötet sich der wilde Wein,
wo Licht ist, fallen graue Schatten ein,
die Sonne wärmt das Land aus weiter Ferne.

Auf kalten Feldern harren manche gerne,
die Drachenleine zerrt am Hosenbein.
Den Höhenflug bewundern Groß und Klein,
wenn Herbstwind zu dir spricht: „Das Fliegen lerne!"

Ein Bergfried blickt ins Tal vom hohen Turm;
wer kann im Stillen frische Quellen finden,
wer spendet Nahrung unter kahlen Linden?

Was heilt und bleibt zurück vom großen Sturm,
kannst du dich selbst nicht mehr an Festes binden?
Ein Buntspecht hackt sein Nest in harte Rinden.

Altweibersommer

Weiße Fäden glitzern leise
in die kühl erwachte Welt
spinnen Silber auf der Reise
wenn die Stille Einzug hält

Tau des Herbstes zieht die Fäden
bis das Laub zu Boden fällt
und Natur die Sommerschäden
auf den kahlen Ästen zählt

Ach ich spür die Jahresringe
wie sie meine Seele engen
wie des Lebens ew'gen Dinge
mich zu neuer Einkehr drängen

Das Vergehen in der Zeit
nährt alle Vergänglichkeit
und mit jedem neuen Jahr
spinnt sich Silber in mein Haar

Herbstjagd

In den Gärten welken Gladiolen,
auf den Gräsern bebt der Spinnenzwirn,
auf den Feldern wüten laut die Dohlen,
wollten Würmer aus den Böden holen,
doch sie bieten jenen ihre Stirn.

Zwischen Strünken und den spitzen Stoppeln
tobt ein rauer Überlebenskampf.
In den Furchen Hasen ducken, hoppeln,
schlagen Haken, stürmen über Koppeln,
hinterlassen Staubfahnen und Dampf.

Unscheinbare werden zu Gejagten,
Anpassung ist weder Ruh noch Schutz.
Nahrungskampf macht alle zu Geplagten.
Überleben tun die Unverzagten,
Ränkespielen, Raubzügen zum Trutz.

Alljährlich

Am Weichholz
schabt sich Blättergold rot
in Höhen der Wolken Gedräng
presst aus den Regenguss
mildert Späthitze
reinigt Nadelspitzen

des Spätsommers Tauschgeld
streicht der Herbst ein
wenn er mit straffen Segeln
antreibt das Windgeschäft
wenn er mit dir feilscht
um Korbfülle und Traubenmost

Ziegelsteine lassen sich nicht beirren
sie halten am Dach fest
sommers wie winters

Jahrmarkt

Auf dem Jahrmarkt des Herbstes
stehlen Drosseln rote Beeren
schlagen Äpfel sich die Köpfe wund
Birnenmuss lockt Käfer und Würmer
Kürbiskerne den Vogelmund

Hagebutten bitten zum Tee
im letzten Klee kleckert ein Falter
Dachse scharren die Erdhöhlen leer
verschließen sie mit Laub und Grund
bis er kommt der große Kälteverwalter

Der erste Most verlässt die Fässer
in die müden Knochen
fährt ein feuchtes Leuchten
in die Mägen das Weingewässer

Wer sich nichts gönnt vom Herbstvergnügen
dem wird Einsamkeit an die Schläfen pochen
und Frostaugen mit Dunkelheit rügen

Oktober

Noch Grün durchmischt mit Rot und Gold Belaubtes.
Das Asphaltgrau gewinnt an Herbstes Farben.
Er streckt den Arm. Es ziehen Astes Narben
den Grat in uns're Seel', der Schwerespur Erlaubtes.

Und bricht und flieht der Stimmen jäh Ertaubtes,
verwaisen Nester und die Kronen darben.
Wo Klänge hell und zärtlich sie umwarben
zerstäubt das Licht, des Himmelszeig Geraubtes.

Der Regen fällt, er prasselt auf die Scherben.
Was lange Zeit gereift wird müh'los sterben.
Wo Rosen blüh'n muss vor dem Duft verneigen

die letzte Stunde sich vor dem Entfärben.
Ein grauer Tag wird ihren Tod beerben.
Und was Bestand gehabt, das wird sich zeigen.

Fruchtfall

Sonnenblumen braungebrannt
Rabenvolkes Ernteplatz
die Stürze der Futterreste

voller Äpfel die Bäume
wer erntet
trifft die Auswahl der Früchte

Goldrot wurzelt dich an
du denkst Heimat

füll deine Speicher
es kommen dunklere Tage

Vorahnung

Inmitten Farben flutenden Laubs
stell ich Fässer auf

im Tollhaus der Ernte
versüßt Herbst seine Zügel mit Most
erinnert an den Abgang der Frucht
vor dem Frost

dass die sommermüden Vögel
vor dem Südflug
Schatten schwärmen
im falben Licht

gelöst aus den Zwängen des Glanzes
geh ich ihnen nach
mit schläfrigen Augen
einsame Zweige
halten die Tür auf

Der Äpfel Herbgeruch

Der Äpfel Herbgeruch
und das glutvolle Rad
am Blaurand

was rollt auf dich zu
dass dein Aug blinzelt

Heuballen dunsten aus
als ob die Hölle Feuer spuckt

Dohlen tänzeln
die Hitze des Stoppelfelds
unter den Sohlen

warum noch fragen
wenn Stürme
sich über dir ausschütten

wer soll dir antworten
wenn der Hagel klopft

such dir ein Dach
lass es nicht schwach sein

Tanz des Herbstes

Äpfelgedräng
wenn Grünschwäche Bäume befällt
Körbe voller Obst
Böden steinigen

Kastanien legen Feuer
an die Sammelkästen der Kinder
der Luftraum
von Drachenformen durchzogen

Ränge der Rebstöcke im Gelbbehang
Blattgold unter Trauben
rotgold füllt sich
saftsüßes Göttergetränk

Auftanzt Federweißer
aufwallt Blut
im Überlebenstraining
frühen Herbstes

Man sagt
goldener Oktober
und vergisst
wen er das Leben kostet

Vogelbeeren

Wenn auch der Beeren Rot
die Schnäbel zum Picken zwingt

die auf den Boden
gefallenen Kerne
gehen ein in die Keimzeit

lies in den gefallenen Blättern
Landungsbrücken schlagen sie
septemberwärts mild

im Blauton rosarot
noch unberührt
von Wetterzornen

bald schenkt dir ein Zweig
schwärzliche Ruhe

der Vögel Singzeit
kehrt wieder

Mundpropaganda

Brombeeren in vollem Fruchtfleisch
hängen saftgesättigt
im Dornenstrauch

Dort wo der Hauch des Regens
Sonnenhitze kühlt
klirrt süßes Tropfen ins Gras
Beeren singen das Mittagslied

Vögel hüpfen im Freudentanz
trällern die Nachricht
von Schnabel zu Schnabel

Schengen

Rebenreihen
beherbstet
stürmen den Hang
sonnendurchhellt
zerfließt ihr Gelb

rotes Weinlaub
entflammt
Trauben im Trockenbrand
besüßt im Blau
in lichter Aue

Reifzeit

Die Wiederholung
schwarzer Schwärme
dass die Wintersaat
aufgeht nach dem Wandelgang

der Beeren Reifzeit
die Keller füllt

wem ist zu danken
wenn der Wein süß schmeckt
für wen reicht die Bekümmernis
eines Mondes im Übergang

im Vollmond schlafen
wir jetzt und morgen
lehnt uns die Sichel
die Zukunft an

die Vögel werden es wissen

Regenfrucht

Den brüchigen Spuren der Winde
im strohgelben Korn enteilen die Krähen
zackige Form Futtersuchender

zeichnet mit Dunstverdrängung
im nachgewittrigen feuchtgesichtigen
Nebelhorn Bilder wilder Gier

Der Spinnenkuss vor dem Tod
der Nachtigall die liedlos verflogen
die Stunde der Gärten Blühlust versäumt

geneigte Köpfe geräumter Beete
schleifen den Boden blank
mit goldenem Blätterblust

vom Baum fällt der Apfel
ins Polster des Niederschlags
wo der Wurm das sichere Gehäuse verlässt
zum Gefallen hungriger Schnäbel

Im Garten

Ich grabe meinen Garten um
im aufstrebenden Oktober
versetze Statuen und Monumente
als wäre er ein öffentlicher Park
bewundert begehrt ersehnt

Dabei wachsen nur widerstandsfähige Pflanzen
bieten Käfern und Insekten
Unterschlupf im Unterholz

Das ist der Herbst aller Dinge:
säubern ausputzen zurückschneiden
Laub aufhäufeln und schäufeln
über empfindliche Hölzer
Zwiebeln setzen und Knollen bergen

Vor dem Frost rüste ich noch einmal auf
mit allen Farben die meine Augen finden
Winterheide Astern Georginen
versorge die verbliebenen Gartenbewohner
mit Futterhäuschen und Wassertränke

jetzt wo grün auf dem schwarzen Boden
sich mit rot und gelb vermischt
hat die Rose ihr Haupt geneigt

sie verschweigt alle Gespräche
und vertagt sich mit Hagebutten
ins nächste Jahr

Verfrühter Frost

Hagebutten kratzen Erinnerungen wund
verflogene Düfte
in den Windungen der Brachen

Nebelkutten wirft der frühe Herbst
splitternackte Gehölze
in den Spiegelungen der Wasserlachen

Krähen kreischen in der kalten Luft
Regenwürmer flüchten
vor der Schwere schwarzer Wolkenzüge

Fähen schleichen durchs Unterholz
verbogene Stämme
schützen Zugänge der Höhlengefüge

Äste knarzen im Baumbestand
ausgezehrte Holzfasern
von der Bitterkeit verfrühten Frosts

letzte Harze versiegeln Risse des Stamms
abgewehrte Schäden
in der kargen Zeit des rauen Osts

Dunst trübt Morgenauges

Blick Krähenschreie kreisen
Wurmlöcher schließen

Dunsttücher

umnässen mein Haar
Kälteschleier befrieren mich

Das Wandern der Tage

treibt die Zeit voran
Wenn deine Stiefel
Löcher tragen
beginnt das Zerreißen

Blättertanz

Blätterschmelze

Der Herbst raunt seinen Fluch, der Wind bestürmt Gehölze.
Er sammelt unerbittlich den fälligen Tribut.
Wie zerrt und zurrt er im Gezweig ohn' Gnad'. Akut
das Feuer brennt im Todeskampf der Blätterschmelze.

Gesang aus Vogelmund verschied. Nur Hagestölze
der Zeit sich widersetzen. Sie harr'n und bibbern fort,
dem Kahlschlag frech zu trotzen. Doch der verlass'ne Ort
gebärdet sich nicht gastlich. Im kalten Schneegewälze

die Spuren sich verlieren. Blass in Mondes Silber
erstarren jene Träume die fantasiegeweckt,
den Stern zum Leuchten bringen, bis sie Kälte schreckt,

die Astwerk ohne Laub befällt. Die Schattenbilder
des Land's verlässt der Mensch. Ein Sperling friert und stirbt.
Der Boden Saatgut schützt, für neues Leben wirbt.

Herbst der rauen Blätter

Ist dies der Herbst der rauen Blätter, der Hagel speit -
Kieselsteine auf dunklen Wegen
deiner Landschaft? – Wer wird sie hegen,
wenn die Verwüstung (vom Rausch befreit)
die Stellen trocken gelegt, wenn Verwirbelungen sich regen,

den tief verhang'nen Himmel zu überwinden,
um das Verlor'ne, Fortgestob'ne aus der Zeit
in neuem Samen fortzutragen; verwelkter Schönheit
Leere, Schwere, in Düften verwinden,
einmal noch schweben voll süßer Trunkenheit.

Wie leis sie fällt, Wehmut stiller Träume,
erfüllt von Glanz, der zaghaft sich löst
vom letzten Sonnentand, dass sich aufbäume
die Flut der Fülle, der Traubensäfte Schäume,
bis Abendrot dir sanften Schlaf einflösst.

Die Stunde des Siegers

Die Stunde des Siegers gehört dir nun ganz,
wo immer der Wind weht - ein Blättertanz.
Die Zeiten sich ändern, du hast keine Wahl.
Die Welt wechselt mit ihr wie Berge und Tal.

Im Feuer fühlst du nur Licht, es strahlt überall.
Gib Acht und verbrenn dich nicht beim Maskenball.
Folg weiter der Sternenzeit, sie bleibt niemals stehn;
für alles mach dich bereit, es wird weitergehn.

Im Herbst Blätter fallen, ein Farbenglanz.
Wie immer der Wind dreht, ein neuer Tanz.
Die Stunde des Siegers lässt dir keine Wahl.
Wo immer der Wind dreht, sind Berge und Tal.

Im Feuer fühlst du nur Licht, es strahlt überall.
Gib Acht und verbrenn dich nicht beim Maskenball.
Folg weiter der Sternenzeit, sie bleibt niemals stehn;
für alles mach dich bereit, die Welt wird sich drehn.

Die Stunde des Siegers gehört dir nun ganz,
wo immer der Wind weht, ein Blättertanz.

Wechselfall

Von weit
düstern Nebeleinsamkeiten
wechselnde Lichtblicke.

Ich hab die Lampe gehalten,
den Scheffel abgezogen.

Ein Wolkenbogen spannte
von Straße zu Straße.

Leergeräumt hüstelt Gartenlorbeer,
die Amsel verkroch sich unters Gebüsch.

„Komm", ruft ein Kranich,
„flieg dir den Herbst von der Seele,
gleich hinter dem Horizont
dreht sich die Erde."

Verdunklung

Graue Verdunklung trübt den frühen Herbst,
Dämmerungsschatten werfe ihre Netze
über Häuser. Was du von späten Rosen erbst
verbleibt dir bald als Hagebuttenschätze.

Die Schatten wandern, wenn der Nordwind bläst,
sie wühlen in den Köpfen, schärfen Blicke.
Wo Fuchs und Reh im kühlen Forst geäst,
flackert das Mondlicht im Geläuf der Ricke.

Kein Traum der Zeit entwirrt, kein Lächeln,
nebliges Gähnen wie die stummen Leeren
verlass'ner Häuser, ein letztes Sehnen, ein Hecheln
nach Vertrautem, nach Nähe, ein Verzehren.

So viel Verdunklung, in der sich Schatten bündeln
in der späten Stunde zur geschloss'nen Wand.
Wenn Sonnenfunken wie die Blitze zündeln,
stirbt die Nacht als morgendlicher Feuerbrand.

Untergang

Ich will das Glühen
nicht versäumen,
das den Untergang bestimmt.

Seltsames Rot,
das den Horizont noch einmal
warm durchblutet.

Nacht tropft
aus der Wunde
blau gestillten Vergehens.

Und in den Adern der Zukunft
pocht der Traum.

Unwetter

Wolken wallen durch die Tage,
Blitze funken den Ernst der Lage,
Donner grollen sich aus.

Bist im Gewitter du eingeschlossen,
denk daran, Hagelkörner schon schossen
durch manches Haus.

Zähl die Schäden des Sommers hinzu,
bleibt dir nur eins: warte in Ruh,
bis der Winter eingekehrt.

Am lodernden Feuer wärme dich richtig,
für den Frühling ist eines nur wichtig,
dass die Samen unversehrt.

War es der Sturm

War es der Sturm, dass Bild an Bild
sich reihte? Mir blühte einst die Frucht
am Lebensbaum. Spatzen auf Ästen wild
wippten voll Gier, nimmersatt. – Das Straßenschild
im Nebel mahnte: es gilt,
Besamung der Blüten sichert erst die Zucht.

Und doch: Wie oft wollt ich ernten vor dem Reifen,
zum Schrecken des Frühlings, ungeduldig, müd,
wie oft mir die verbrannte Haut abstreifen,
wie die Vögel dort schaukeln, tanzen, pfeifen,
schon verletzt nach dem Notausgang greifen,
dass der ganze Tag wie ein Sonnenaufgang glüht.

Ach Leben: Um was du mich gebeten
vergaß ich – manches mal im Licht –
matt und leer. Die aufgesteckten Ziele verwehten
vor meinen Augen, hofften doch auf mich, flehten
um Besinnung auf die Pflicht.

Die Bilder flogen rasch an mir vorbei,
trieben wie Wolken, tobten in Gewittern.
Das Wahrhafte blieb, brach nicht entzwei.
Ohne das Glühen wurd' ich wieder frei
und staunte über vollgehang'ne Zweige dabei.
Die abgefall'nen Früchte am Boden verwittern.

Anbruch

Nebel fasert ins Land,
verwischt die Aussicht
bei Tagesanbruch.

Aus weißem Dickicht
reißen Windradflügel das Blau
aus dem Dunst.

Rot alarmiert
Vogelpopulationen,
dem Herzschlag der Technik
nicht zu folgen.

Warnrufe der Krähen,
Kreischen im Tal,
weitet die Grenzen des Raums
ins Unkenntliche.

Ich trete vom Fenster zurück,
ihm Ohr das Echo
scheidenden Vogelvolks.

Herbststurm

Vögel ziehen ellbachwärts
Äste sich entblättern,
Wolken sind kein Wetterscherz,
treiben weiter himmelwärts,
Sehnsuchtsworte klettern.

Ach, der Mond den Abend stillt
nächtlich unter Sternen;
ist die Seele nicht gewillt,
Hoffnung aus den Träumen quillt,
Schatten sich entfernen.

Später Sturm aus Windes Kräften
fasst die Luft am Kragen,
reißt die Blitze aus den Schäften,
Einschläge sich daran heften
Böden Risse tragen.

Wer im Herbst im Sturmeswind
schnell Schutz suchen muss,
keine offne Tür mehr find',
alles ändert sich geschwind,
fragt nicht nach Verdruss.

Einer weiß, wohin du gehst
auf den grauen Wegen.
Wenn du es auch nicht verstehst,
oft nach Licht und Wärme flehst,
ihm ist an dir gelegen.

Sturmwind

Wind nähte das Herbstkleid
mit stürmischem Zwirn
legte einen Blätterteppich
über die Löcher des Asphalts
dessen Adern die Stadt antreiben

der Fluss des Köllerbachs
verlangsamt im Nebel
im Fallen löst sich
aus der Anziehungskraft
alles Aufbegehren
alles Kämpfen

am Hexenturm
bricht Erde auf

Der Waldschrat

Grenzenlos atmet die Landschaft
himmelwärts ein Sonnenzögern

über der Querneigung der Waldwege
Fußtritte auf Steinrücken
von scharfen Kanten durchstoßen
widerhallen in Regenpfützen

Wind durchstreift das Gehölz
frischt auf den Blätterharsch der Keltengräber
Rehe aufschrecken flüchten davon

auf seinem Stammsitz
lächelt der Waldschrat

Königswetter

Saarbrücken, 11.10.2018

An dem Tag
als die Morgentemperatur Frösteln auslöste,
als das Himmelblau im Sonnenlicht aufging,
als die Blätter von den Bäumen taumelten
und im Rinnstein tanzten,
als die Wetterprognose der Meteorologen
die nahende Kaltfront vermeldete,
als der Schlossplatz abgesperrt wurde,
als viele Kollegen Herbsturlaub nahmen,
als die Flure abgesperrt wurden und leer blieben,
als die Bediensteten aus den Fenstern schauten,
als die Wartenden
orangefarbene Fähnchen schwenkten,

an diesem Tag in Saarbrücken
rollte die goldene Kutsche vor,
defilierten Seine Majestät
König Willem-Alexander, König der Niederlande
und Königin Máxima, Prinzessin der Niederlande
über den Pflasterteppich zum Saarbrücker Schloss,
stand Fürst Wilhelm Heinrich
von Nassau-Saarbrücken
und seine Frau Fürstin Sophie Erdmuthe
im Bilderrahmen des Festsaals Spalier,

an diesem Tag
im Saarbrücker Schloss,
telefonierte ich unablässig,
verhandelte, klärte, organisierte ich,
an diesem Tag,
als am Spätnachmittag
ich vor Hunger dänische Butterplätzchen aß
und eine Flasche Mineralwasser trank,
an diesem Oktobertag wärmte mich

das verbliebene Sonnenlicht,
das mein Büro in helles Gelb tauchte,
sog ich die Wärme für die dunkleren Tage ein
wie eine Ertrinkende im Saarspektakel.

Blättervögel fliegen leicht
über Stein und Stege
dass der Wind ihr letztes Gelb
einmal noch bewege

Wenn sie auch zu Grunde gehn
still klingt dieses Fallen
alles stirbt nun rings umher
und bleibt doch in uns allen

Herbstgewitter

Schatten getröstetes Licht,
Gewitter.
Ich zacke im Wind
Trübnisse.

Finsternisse
erwidern
mit Rotstich.

Auch Störche fliegen
über sich hinweg,
Aufwind, der trägt
in die weitesten Winkel.

Schaudern
Zaudern
Plaudern

„Kraniche fliegen, Kraniche fliegen"

Vogelflug

Der Himmel verkleinert sich
schwarze Fäden
Vogelketten
Fluglinien ins Fremde

hinfort in wildem Aufschrei
entfallen einzelne Federn
Füllstoff der Leere

flaumweich
darin das Laub entgrünt
und Feuer wirft
der Sonne hinterher
die in weiter Ferne
sich die Haare bindet
zu einem Kranz
aus Astern

Im Flügelwind

Auf Sammelplätzen
Kuckucksrufe Zeisige
treffen sich wieder

Kreischende Krähen
schwärmen in Ackerfurchen
Sperber spähen aus

Kleinvögel huschen
in Hecken Vogeltruppen
im Winterquartier

Baumkronenlaute
Konferenz der Zugvögel
wirres Luftgespräch

Laute Flugschatten
Blassgänse schnattern am Turm
Grußworte im Wind

Kormoranenzug
Flügel schlagen Aufwind im
Herbst Kiebitze fliehn

Kraniche rauschen
Peterberg im Flügelwind
Flugrast gen Süden

Kraniche fliegen

Kraniche fliegen, Kraniche fliegen,
sie lassen die Sommerquartiere liegen;
plaudern am Himmel, rufen, trompeten,
die Route gezeichnet von inn'ren Magneten.

Kraniche fliegen, Kraniche fliegen,
die Flugkörper sich im Fahrtenwind wiegen,
ziehen in Formationen Strecken,
rasten auf Feldern, Mündungsbecken.

Kraniche fliegen, Kraniche fliegen,
sieh, wie sie sich durch Unwetter biegen,
durch Regen drängen, Sturm und Gebraus,
auf dem Weg ins Überwinterungszuhaus.

Kraniche fliegen, Kraniche fliegen,
im Flug sie sich aneinander schmiegen,
segeln gemeinsam zur Sonne voran
durch Höhen und Tiefen, wie ein Mensch es nie kann.

Draußen der Vogelhimmel

kreischt die Dunkelheit herbei
oder die Blindheit.
Wer nichts sieht,
muss neue Wege gehen.

Lautsprecher am Himmel

Zickzacklinien aus Federn
Fernweh denkt der Regenwurm

Jenseits der Schatten

Vogellinien am Himmel,
du schaust in die Herbstuhr,
Seelengleiten.

In mir strömt Wind,
Kranichgeschrei
aus aufgereihten Zacken.

Schlieren werfen die Weißschatten,
die Litanei des Regens,
Wolken gefaltet,
betet Hoffnung meiner Sehnsucht.

Das Licht, göttlich,
breitet einen Mantel aus
über Eingetrübtes, Trauerndes.

Ich folge den Flugbahnen,
die wie Freiwürfe des Trostes
den Abschied begleiten.

Ein Ebenbild will ich finden
für den Schlaf, in den ich falle,
irgendwann jenseits.

Diesseits
wartet der Morgen.

Küstenseeschwalben
jagen im Watt im Tiefflug
vor dem Winterzug

Singdrosseln kreisen
lärmen über Astgabeln
Flugreisewege

Flugscheinausgabe
am Herbstbahnhof Zugvögel
warten in Schlangen

Weißstörche klappern
im Horst Aufbruch in Scharen
zum Afrikaflug

Herbstgewitter

Schatten getröstetes Licht,
Gewitter.
Im Wind zacken
Trübnisse.

Finsternisse
erwidern
mit Rotstich.

Auch Störche
fliegen
über sich hinweg.

Aufwind, der trägt
in die weitesten Winkel.

Am Himmel
Schaudern
Zaudern
Plaudern

Die Vogelmajestät

„Herr Adebar, Herr Adebar,
vor Ihrer Nase tanzt ein Star.
Er will mit Nachtigallen, Finken,
vom Siegertreppchen hüpfend winken."

„Herr Kuckuck, macht Euch keinen Kopf.
Zum Singen fehlt im doch der Kropf.
Zum Fliegen fehlt der Rückenwind.
Nie wird er so wie ich geschwind
als erster dieses Ziel erreichen.
Dem wahren Sieger wird er weichen."

„Herr Adebar, Herr Adebar,
zum Sturz die kleine Vogelschar
hat hier lange schon aufgerufen,
den Wind die vielen Flügel schufen."

„Herr Kuckuck, niemand weiß wie Ihr,
ein Star ist doch kein Königstier.
Es mangelt ihm an Orientierung.
Drum braucht er auch von allen Führung.
Doch wer schon führt, der will auch siegen
und sich im eignen Glanze wiegen."

„Herr Adebar, Herr Adebar,
vielleicht ist Ihnen noch nicht klar
von Dächern pfeifen es die Spatzen,
an Ihrem Thron will jeder kratzen."

„Ach was, Herr Kuckuck, dummes Zeug,
dass ich mich kleinen Vögeln beug.
Ein Storch sitzt immer auf dem Thron,
wie vor mir Generationen schon.
Wenn es auch jedem nicht gefällt,
wer fliegt wie ich, regiert die Welt!"

„Herr Adebar, Herr Adebar,
die Adler trafen sich sogar,
um sich mit allen zu verständigen,
der Aufstand ist nicht mehr zu bändigen!!"

„Zum Kuckuck, nun ist's aber gut!!!
Am End verlässt Ihn noch der Mut.
Flieg Er voran und richte mir
das Storchenführungshauptquartier."

Doch plötzlich zog mit viel Geschrei
das bunt gemischte Volk vorbei.
„Hurra", schrie es aus allen Kehlen,
„der Storch wird heut sein Ziel verfehlen.
Der Kuckuck hat ein Ei gelegt.
Doch er hat es hinweggefegt.
Das weiß doch schließlich jedes Kind,
wer Flügel hat, den trägt der Wind."

Maulwurf Franz

Feuchte Fusel leise schleichen
über dunkelgrüne Kuhlen.
In den kleinen blassen Teichen
sich die Rabenknaben suhlen.

Aus dem losen Erdenturm
spitzt der Novemberregenwurm.
Auch ein schwarzer Borkenkäfer
nistet dort als Wetterschläfer.

Flugs mit allerlei Verdruss,
setzt ein Maulwurf an zum Schuss.
Wenn der Herbst auch alle striezt,
sind die Löcher doch sein Kiez!

Sein Revier wird er verteidigen,
niemand wird ihn hier beleidigen.
Wer in seinen Löchern spielt,
ihm die Winterruhe stiehlt.

Also fing er an zu bohren,
von dem Schwanz bis zu den Ohren
drang er unterirdisch vor,
hob den Regenwurm empor,
warf den Käfer trotzig raus
zum Gefallen einer Maus,

stieg heraus mit Siegesmiene
posierte auf des Astes Schiene
mit gewund'nem Gräserkranz,
stolz wie Oskar, Maulwurf Franz.

Und wie wahr, Fanfaren, Tröten,
aus den hohen Hallen flöten,
erst noch sanft, dann kratzig rau,

durch des Morgennebels Grau.

Derweil die Rabenknaben spähten,
laut im Hungerfrust aufkrähten,
nach dem Wurm, der wund sich kringelt.
drohten laut Raubvogels Kürzel,
schwangen wild vom Wolkenturm.

Jäh kroch fort der Regenwurm.
Raben stählten ihre Bürzel,
zogen ab mit viel Geschrei,
knapp am Raubvogel vorbei.

Dieser rammte seine Krallen
fest in Maulwurfs Erdenballen,
hob ihn aus dem Höhlenbau,
flog die Beute zielgenau
in seinen Horst, um sich zu laben.

Regenwurm und Käfer schaben
sich tief ins dunkle Erdenreich,
die Rabenknaben sanken, bleich
und aufgeschreckt im Nieselgries
in die Gräser einer Wies'.

Und die Moral von der Geschicht':
Gräben graben lohnt sich nicht.

Jagdzeit

Fürchte nicht den röhrenden Hirsch
betrittst du im Oktober den Wald
wenn ein Schuss durch die Lichtung schallt
sich dir nähert als grüne Gestalt
ein Jäger mit Hunden und lautem Geknirsch
zieh dich zurück in den Hinterhalt

Die Jagd

Auf steht auf
auf auf hinaus

hört Hörnerklang
Jagdgesang
der Tag bricht an und ruft

steigt der Tross
hoch zu Ross
die Jagdgewänder wehn

hört Hundgebell
wild im Ton
sie zerren an den Leinen

Wildwechsel

Ja die Wildsau war's
sie kam hinters Haus

überzeug dich
von deinen Vorräten
wenn es ans Fressen geht

Gnade verliert schnell
ihre Sprache
hast du genug zum Teilen

Das mutige Rehlein

Ein Reh mit sanften Augen
wollte als Scheue nicht taugen.
Mit ihren schlanken Hufen
erklomm sie rasch alle Stufen.

Als sie oben angekommen
war sie plötzlich ganz benommen:
da stand der goldene Bock
mit großem Geweih und Gelock!
Er röhrte inbrünstig heftig und laut.

Die Rehe lugten aus jedem Kraut.
Er schickte sie an, los zu laufen.
Die Katze im Sack wollt er nicht kaufen!
Im Nu war das scheue Feld weit versprengt.
Nur eines hatte die Hufe verrenkt.

Das Eichhörnchen

Ein Eichhörnchen im Kiefernwald
am Baumstamm tief sich festgekrallt.
Mit flinken Sprüngen im Geäst
schwang es hinauf zum Erntefest,

sah nicht nach links, sah nicht nach rechts,
hörte auch nicht das Kra-Gekrächz,
das ebenfalls zum Abendessen
sich in der Pinie eingesessen.

Es knackte laut, es knackte leis,
das Sammeln kostete viel Schweiß,
der schließlich auf den Boden tropfte,
auf eines Finkes Federn klopfte.
Verärgert der nach oben feixte,
wo jener Räuber Äste spreizte.

Als ihn der Fink entdeckte
Geschrei Eichhörnchen schreckte
dass es vom Baum hinuntersprang.
Aus war es mit dem Rabenfang.

„Zeit des Wandels"

Nordwind

Schon spuckt die Nebelkehle
kalte Töne ins Land
trompetet die Schwanengans
dem Steinkauz entgegen

Tore fallen ins Schloss
in den Zinnen gefriert der Schnee

die Zacken der Forke im Frost
Eisenlieder blechern im Rost
über den Boden
an dem der Nordwind zaust

November

Das Rotbraun der Eichen entkommt den Fichten.
Geronnen die Schatten, entweichen. Im Dunkel
verfängt sich Geschichte. Das laue Gemunkel
der Wolkenfusionen die Stunden richten.

Und karge Gewächse üben stummes Verzichten.
Ein Zeichenbanner nebelt düster Gefunkel,
schal über die Stämme, brennt Furunkel
in Regionen der Schatten, wächst das Verdichten

der Blättergruft. Zeit ohne Mitleid waltet
im Laub der Vergängnis. Kältebruch spaltet
die Geographie Landschaft. Reißen die Tage

Kalender in Stücke, quälen sich Woche
für Woche verlorene Geister. Gekroche
verbliebener Kreaturen im Windgelage.

Zeit der Stille

Fast kahl geweht erstarrt Gehölz der Zweige.
Im Astwerk schwingt Novembers kühle Seele.
Kein Blütenstaub und keine Vogelkehle
im Nass verbleibt. Der Wärme letzte Steige

Gewölk zersprosst. Das Licht geht still zur Neige,
es flüstert noch, dass bald das Helle fehle,
doch auch das Grau den Wandel nicht verhehle,
der sich vollzieht, wenn es nun schweige.

So bricht der Tag mit seinem Aufbegehren,
versinkt im Tun und lässt die Zeit entfließen.
Die Hände ruh'n im Schoß der Nacht, verließen

des Eiferns Weg. Den Schatten sich erwehren
der Kamine Knistern, dass wir genießen
das Stundenwort, die Stille zu erschließen.

Nebelung

Die blaue Kälte weilt auf den Chausseen,
verstößt den trüben Dampf aus Himmels Nüstern
wie bleiche Geister. Inmitten dieses düstern
Vernebelns ringt der Tag um Auferstehen.

Die nackten Bäume betteln in Alleen
um etwas mildes Licht des Sonnenlüsters
voll Freude, angesichts des Geflüsters
der Krähentrupps im Kahlgeäst der Schlehen.

Und Schilder, ausgewaschen, auf den Brachen
noch Wege weisen in einsame Leeren.
Zurück geblieben auf den Pfaden Lachen

des Schneefalls, darin entkräftet Vögel sich trimmen,
bevor sie untergehn. Sie fischten nach Beeren
der Ebereschen, Leben und Tod verschwimmen.

Nebelreiter

Der volle Mond vergeht, die Erde dreht sich weiter,
am tiefen Horizont die weiße Scheibe flirrt
und Vögel fliegen auf, von Dämmerung verwirrt.

Aus feuchter Erde sprüht der frühe Nebelreiter
ein Netz aus Tropfenfäden von seinem Wolkentross,
verbindet Tal und Gipfel, frischt auf das Morgenschloss.

Der Sonne Lichtgebilde von gegenüber blitzt
und alles, was sich windet mit Wolkendunst und Grau,
mit nassen Händen kündet von Niesel, lauem Tau.

Von ihren roten Strahlen sich zaudernd leicht erhitzt
der blasse Tagesschimmer, der sich daran verdross.
Wo Dunkelheit entschwindet, ein blauer Tag entspross.

Schwanengesang

Kupferwurf der Sonne
Schattenfall
Rotlicht
im Regenrost
zugeblättert
brauner Harsch
ehe Winterschläfer
das Unterholz besiedeln

all meine Schwäne
wildern über die Hügel
fliegen auf weißen Flügeln
den Glast aus
den das Dämmern übrig ließ

Wandel

Morsches Holz zerbarst.
Fauler Geruch
zerfallenden Lebens
tränkt die Luft.

Entlaubtes knarzt.
Brauner Saft
abgefallener Blätter
krönt des Waldes Gruft.

November,
Zeit des Wandels,
Zeit des Sterbens.

Feuchter Nebel gähnt.
Im Sumpf watet
unbarmherzig die Zeit,
zerstampft altes Leben.

Kahles Astwerk tränt.
Die Schwere der Vergangenheit
tropft auf den Boden.
Aufkeimendes Streben.

November,
Zeit des Wandels,
Zeit des Werdens.

Ein Grad im Grau

So fröstelnd riecht's, regnerische Trübnis,
die das Dorf an die Wolken verschachert.
Kein Kamin vertreibt dies Grau,
das den Dachstuhl bleit.

Der Vogel in aufgedunsener Wiese pickt.
Die Saat nicht aufgeht,
die den Winter auslässt.

Kein Beginnen des Tags,
wenn er seine Blüte nicht öffnet,
wenn sein Duftgespinst Trauer trägt
und in den Köpfen Schwarzes siegt.

Nur die Regentropfen
danken den Tod.

Novembernebel

Nebeldunst. Das Schattenprisma als rebellische Kunst
unter den Scheffel der Dämmrung gezogen.
Kältefahnen steigen auf zum Wendebogen,
ein feuchter Hauch aus Wolkes Inbrunst.

Krähenruf. Hexenvögel krakeelen den Groove
magischer Landschaft aus den Getränkelogen
der Beerenauslese. Ist ihr Champagner von den Dogen
der Lüfte getrunken, danken sie dem, der sie schuf.

Blätterfall. Hinter dem Milchglas röhrt der Hall
brunftiger Hirsche ins Schattengericht.
Der Platzhirsch den Kampf mit Rivalen ausficht,
Gehörne krachen und bersten vor dem Liebesfall.

Regenschauer. Das Schwarzwild suhlt sich mit Hauer
vergnügt im aufgeschwemmten Schlamm brauner Lachen.
Sie schnüffeln nach Trüffeln wie hinter rauschigen Bachen,
bis es aufhellt. Die Kälte wird flauer.

Zaungast

Laue Luft windet Lianen um Bäume
an Strähnen die wie Peitschen
Schneisen schlagen
schnitt ich mir einst die Haut ein
als Pilgerin
suchte ich grünende Ölzweige
wandelte im leeren Gebüsch
der Herbst brennt die Farben aus
spinnt mir ein Blätterkleid
aus dem Morast der Jahre
sei mir Genoss
ruft ein Rotkehlchen
hofft noch auf einen Zaungast

Nebelfäden
verhängen die Äste

unter der Blätterfäulnis
harren Käfer verworren

Zweige lichtvergessen
knarren ins Gefeucht

die Morgenkehle
hackt leere Töne ins Land

Lauter Geläuterte

unter der Wunde Alltag
und das Schwarz, eisenhart,
vertieft den Ausbruch
der Sterne.

Blätterasche

spuckt das Feuer
und der Schmelzofen der Berge:
kadmiumrot, kobaltblau, zinkgrün.
Gratwanderung auf der Höhe der Nacht.

Nebel verzieht das Gesicht

putztüchtige Fäulnis
Klarheiten verändern sich

Herbstnebel

In diesem Wolkendunst stirbt der Himmel.
Er schloss sein Fenster bereits am Morgen.
Ich irre in der Nebelwüste blind,
doch höre ich Töne des Sperlings.

Wir, die verblieben,
sinnen dem Laut der Geschichte.
Geduld währt uns die Spuren,
und ich torkele auf dem Weg,
der fortwährend den Zielpunkt verspricht.

Manchmal setze ich mich ins Randgestein,
samm'le Kiesel, grabe Wurzeln aus,
sauge den Stammgeruch auf.
Die Fährte ist lichtschwach.

Schattenherz

Ein letztes Blatt vergisst sich in den Ästen.
Es bleibt zurück und bindet Lebensklänge.
Im frühen Frost verhärten die Gesänge.
So spröde klingt und rüttelt an den Kästen

der Vögel blind, als sei's zum Wintertesten,
ein kalter Hauch. Er schüttet Nebelfänge
auf's kahle Land, verschließt die hellen Gänge,
ein Schattenherz, es schlägt in weißen Festen.

Und von den Thronen Eis beglänzter Seelen
fällt alles ab, was lastet und was rostet,
was längst verbraucht und zehrt und Kräfte kostet.

Kein Augentrost, die Wärme wird mir fehlen.
Ein liebes Wort, ein lang vertrautes Lächeln
ersehn' ich mir, dein Stern wird es mir fächeln.

Draußen der Vogelhimmel
kreischt die Dunkelheit herbei
oder die Blindheit.
Wer nichts sieht,
muss neue Wege gehen.

Schattenströme
ertränken die Gipfel
Krähenhügel schreien sich still,
die Nacht, schlaflos, fällt ins Bett
Herztöne beten sich müde.

Spätherbst im Saarbrücker Forst

Die gelben Blätter sind erstarrt,
der Sturmwind bläst auf kalten Harfen
durch das Geäst der Eichen. An scharfen
gezackten Blätterresten verharrt

der Nebeltau. Ein Pelztier scharrt
im Unterholz der Lärchen. Sie warfen
die Nadeln ab, bedecken Larven
und geben Schutz vor dem Start

der Winterzeit. Im feuchten Dunst
erspäht ein Habicht Haselmäuse,
auf Suche nach dem Schlafgehäuse.

Er stürzt hinab mit Jägers Kunst
und fliegt die Beute in den Horst
des Habitats Saarbrücker Forst.

Wer will schon wissentlich

den Tag durchschreiten
wenn die offenen Fragen der Nacht
aus allen Wolken fallen.
Schattenschritte gehen voran.

Rotstaub blättert

im Frühlicht haucht Tau
Silbergespinste übers Gras
Taubenschrei aus den Höhen
über dem Herbstwald

Erster Frost

Die letzten Blätter im Geäst verknittern.
Der Wind ein Krähennest im Baum entblößt
und grauen Flaum aus seinen Ritzen stößt,
zerbrochene Zweige von den Rändern splittern.

Die Wildschweine grunzend nach Nahrung wittern,
vom Hungern sich die Rotte selbst erlöst.
Die Fledermaus in ihrer Höhle döst.
Wer vorgesorgt, wird nicht am Frost verbittern.

Ich wandre durch das Dunkel in den Morgen,
die Sonne wartet, ehe sie sich zeigt,
am Horizont der Mond sich trunken neigt.

Ich will das Licht aus alten Tagen borgen,
dass es mich wärmt und hellt die düstre Zeit,
doch alles Sehnen ist wie Einsamkeit.

Nachtfrost

Mein Herz zerspringt vor Einsamkeit und Kälte.
Im Nebelwind sind alle Farben grau.
Die Finsternis trübt meine Sinne rau
wie Todessehnsucht. Als des Dunkels Schelte

über Nacht das Schattenurteil fällte,
funkelte alles Klare ungenau,
ohne Hoffnung. Sie versank im Stundenstau,
im Wolkenfluch, der mir entgegen gellte.

Ein Vogel flog hinauf, ließ sich nicht halten,
zog seine Bahn durch alle Gegenströme
und trotzte Widerständen, den Gewalten.

Die Blicke haften an ihm, lassen sich nicht wenden.
Die Seele windet sich im Kampf; extreme
Tiefen weiten, in den Sternen enden.

Gartenfrost

Dächer. Schwarze Majestäten wachen auf den Graten
wie einstmals Musketiere auf der herrschaftlichen Burg
den König schützten. Der Winter ist der Dramaturg
der Jahreszeit, beschlagnahmt die verlassenen Quartiere
mit Schneegestöber und Krähen werden Vogeloffiziere.

Leerstand. Rost im Garten nagt an abgestellten Spaten
wie kleine Vögel am Hungertuch der Winterkost.
In aufgetauten Beeren brennt die Sonne süßen Most.
Als Durstige sich auf den Fruchtsaft niederstürzen
der Wachdienst aufkräht, um das Besäufnis zu verkürzen.

Aufflug. Winkeladvokaten schwingen ihre Flügel,
trunkene Artgenossen lassen ab vom Henkelbecher.
Nebelkrähen schwirren aus wie königliche Häscher,
dass selbst die Gartenmäuse im Kompost verschwinden
und Eichhörnchen sich ducken in kahlen Astgewinden.

Ruhe. Die Aufgescheuchten sich vor angedrohter Prügel
retten. Wolken ziehen sich verschreckt zusammen.
Galgenvögel schwadronieren, verpfeifen sich in Telegrammen,
dieweil ein Regenschauer alle Grabenkämpfe unterbricht.
Ermüdet schließt der Himmel seine Augen, löscht das Licht.

Spätherbst im Köllertal

Novemberabend. Aus Kältenebeln spinnt der Frost
Silberfäden, die sich an Astgerippen binden,
an kahle Sträucher, in welchen keine Heimat finden
mehr die Vögel. Die Äste wie hohe Soprane klingen,
wenn unterm Eisgewicht sie wie Ballettfiguren schwingen.
Wenn Eisentore scheppern, zerstiebt der Rost.

Dämmerschein. Der kurze Tag errötet im Untergang,
ein stiller Mond, der am Sternenhimmel zieht,
ein Wanderer verirrt sich, durch das Dunkel flieht,
sich in die Decken hüllt, an leeren Straßenecken friert,
die Frau ihr Haus mit Außen-Lichterketten ziert
und müde Katzen schlüpfen durch den Unterfang.

Mitternacht. Die Türmer gibt es lange schon nicht mehr,
Glocken rufen Gläubige zum Gebet der Stunde,
Fromme vereinen sich sehr leis, mit Gott im Bunde.
Die Autofahrer früh an Ampeln stehen, warten,
auch Schwarzwild abzieht aus des Nachbarn Garten,
aus dem die kleine Vogeltruppe aufsteigt wie ein Heer.

Ein Leuchten. Die Sonne spiegelt sich im Glas
der Straßenglätte beim Aufgang, als der Teich gefror,
ein aufgeschrecktes Reh, das sein Rudel nachts verlor,
durch die Straßen irrt hinab zum Köllerbach,
hin zu den Wasserbüffeln in die Auen, die flach
auslaufen; dort staksen viele Rehe durch erstarrtes Gras.

Ein Singen. Laudes. Die Martinskirche morgens jubiliert
voll Andacht in der Frühe. Im Pfarrer-Rug-Park
ein Steinklotz Käfer vor dem Nachtfrost barg.
Die Zeder richtet ihre Zapfen nach der Sonnenuhr,
die um den Erdkreis eilt im Ewigkeiten-Schwur,
die Zeit verlangsamt sich und promeniert.

Steinstraßenzeit

Herbst wildert
wieder im Geäst.
Buntblättrig die Beute
des letzten Sommers.

Kletterpflanzen halten noch
an Lärmschutzwänden.
Hier und da ein Blick
auf bepflanzte Kohlehalden.

Auto um Auto der Baumfall
und der Aufstand der Feldmäuse
gegen die Steinstraßenzeit.

Vögel versammeln sich.
Schweigen ist ihre
Hinterlassenschaft.
Wintergäste bleiben.

Manchmal verirren
sich Menschen auch.

Nachtfahrt

Geläuf des Jahres
böscht den Grat
auf der Höhe der Farben

ungehinderte Ströme
füllen sich mit Kiesel
löschen den Schutt
in der Senke der Zeit

talwärts
stürzen Wolken
in den Dunstkreis

wo uns die Nacht wuchs
vor dem Dämmern

wo der Kahn
im dunklen Fluss
Kreise zieht
für die verlorene Stunde

in der das Herz
im Verborgenen schlägt

Aussichten

Die längste Nacht wird nicht der Sonne weichen.
Sie bleibt zurück, lässt sich in Blicken nieder.
Das Grauen und den blut'gen Ernst erkenn ich wieder,
das Herz gelähmt, es muss hinüber schleichen.

Und all die Kämpfe um das eig'ne Wollen,
sie kosten meine Kraft und lassen mich ausbluten.
Doch will ich leben, muss sich mein Körper sputen,
sonst bin ich schnell im Lautlosen verschollen.

Ein einziger Moment reicht aus, um Luft zu holen.
Versäumen wäre tödlich, er wird nicht wiederkommen.
Hab' ich die Fährte wieder aufgenommen,

beginnt der Kreislauf neu mit seinen Kapriolen.
Die Lust und Laune sind zurückgekommen.
Den Gipfel neu zu stürmen hab ich mir vorgenommen.

„Wenn nur dein Lächeln mir bliebe"

Auf der Troika

Siehe nicht auf den Weg zurück
voller Traurigkeit voller Kümmernis

lauf der Troika nicht einfach hinterher
und betäube schnell was dein Herz beschwert

sorg dich nicht sei nicht ruhelos
lass für immer los was dir Licht verwehrt

in der dunklen Nacht spür dem Leben nach
und vergiss das Leid wenn es zu dir sprach

Alter jüdischer Friedhof Saarbrücken

Hoch hallen die Stadtgeräusche
schlagen gegen die Straßenwand

deren Echo im Stern
des gealterten Gemäuers vibriert

an diesem Ort der Ruhestätte
ist die Mauer ein letzter Schutz
durchlässig für eine Sprache
die hier kaum noch jemand spricht

das Öllämpchen verlor längst
seine Flamme in der Verwitterung
im Morast der gefallenen Blätter
wühlt ein kleiner Vogel

Die das Tor aufschließen
suchen nach Gräbern
wo Steine wie Seelen sind

Meine Hände

griffen nach deinen
deine Finger
lagen warm in meiner Hand
Ich pflanzte eine Weide
Unter ihrer Trauer
ruhe ich aus

Manchmal

steht sie still. Zeitlose Uhr.
Zurückgehende Gedanken und
bebilderte Sekunden. Das Fragen
Warum und Wie und Wo.
Ohne Antwort das Umdrehen.
Nur die Zuversicht,
dass es weitergeht.
Irgendwie.

Melancholie

Nur die dunklen Tage
suchen nach Licht.
Sie beschweren uns
mit grauen Träumen,
verbannen die Zuversicht.
Schwarze Tiefe du, verzage!
Sollst nicht säumen
unserer Gedanken Pflicht!

Spurensuche

Der Himmel brennt, er schneidet Feuerschluchten.
Allee des Lebens, du ziehst so rasch vorüber,
wirst unverhofft zum schnellen Herzbetrüber.
Die kalte Kraft beginnt im Tag zu wuchten.

Und in den letzten aufgehellten Buchten
verglimmt der Docht als treuer Nasenstüber.
Der weiße Rauch legt sich als Schutz darüber
im Augenblick des Abschieds aller Fluchten.

Was jetzt vergeht, ergibt sich bald in Spuren.
Ich suche mich, ich suche dich zu finden.
Ein später Zweig will unsren Baum umwinden.

Den Totentanz vollführen schon Auguren.
Wo meine Hand in deiner Hand uns bindet,
verliert das Grau, der Sterbeton, er schwindet.

Wär auch der Tod
dein Freund
sterben müsstest du

Auf der Rückseite des Todes
läuft die Zeit ins Ewige

des Lebens Abriss
schreibt die zerbrechlichsten Blätter

Fasern des nicht Wiederholbaren
zerbröseln in der stillen Gewalt

zwischen den Fingern der offenen Fragen
treibt uns der Wind
bis wir wieder sind

wie Kinder
deren Drachen aufsteigen

im Rausch der Farben wandeln wir
bis an den Rand unseres Rahmens

fest steht er auf dem Berg
durchlässig für ein Geschick
das du nicht kennst

Bitterkraut des Herbstes

I
Beheimatet im Humus
lotst Licht mich ins Rotgold
Seelenlaub blättert ins Abendfeuer
flammenden Zugs

II
Zu den gewaltigen Gräbern
herbstet mich steinerner Tag
auf Windböen fliehend
abtragend den Zeitspat

III
Bitterkraut des Herbstes
blättert in mir
Risse purpurnen Himmels
wenn mit Augen du aufschlägst
Seelenseiten

IV
In aufgeschütteten Tagen
gräbt die Nachtschaufel
leert den Farbwechsel
schwärzt den Zeitsaum
zurück bleiben Lichtfetzen
Hoffnungstrümmer im kalten Eis

V
Geruch der Erde entströmt fließt
Schrunden bildet der wunde Grund
Herbstrauch nebelt mir ums Herz
Wärme verblutet

VI
Ein Schattenpfad dunkelt
mir vor den Augen
in des Lichtes Zwiespalt
fällt die Nachtgleiche
Wünsche zersplittern
Seelenholz lodert im Sterbeschoss

VII
Hier wo weder Weihrauch wirkt
noch grüne Rispen Blüten binden
bleiben Altäre leer
der Zeit vergorene Süße
bittert atemschwer
du weißt meine Zeit
dunkeltrunkener Hain
nennst den Schlaf besänftigend
der mich verzehrt

Überreste

Aus der schönen Zeit, schreibt mir ein Bekannter,
seien die getrockneten Rosen auf dem Klavier
und die verpackten Bilder auf dem Dachboden geblieben,
da oben, wo sie keiner mehr sah, sehen wollte.

Die Teppiche der Großmutter seien abgeholt,
all ihre Sammlungen im Keller verstaut,
die letzten ihrer Utensilien auf dem Flohmarkt
angepriesen. Sie hätten hohe Preise erzielt.

Jetzt entrümpele er seine Eigenheiten,
obschon die restlichen Überreste der Dahingegangenen
das Haus verstopfe. Doch trennen könne er sich nicht davon.
Dafür müsse er seine Überreste zu Grabe tragen.

Allem voran sein Glaube an die Erneuerung
und die Unwichtigkeit des Unwichtigen.
Gerade diesem gehöre seine ganze Aufmerksamkeit.
Denn könne das von niemandem Gesehene
unbemerkt vernichtet werden? Aus Gedankenlosigkeit,
aus Desinteresse, aus Unwissenheit?

Könne man dieses Vernichten vernichten?
Das Nicht-sehen-und-hören-wollen?
Wenn er seine Überzeugungen nun
beerdige, dann nur aus Liebe.

Aus welcher Liebe, fragte ich ihn?
Worauf er zurück schrieb,
aus Liebe zu den kleinen Dingen des Lebens.
Schließlich sei das Große lediglich
eine Anhäufung des Kleinen.
Und diese unwichtigen Kleinigkeiten
gestalteten sein ganzes Haus.

Staubkorn

Lass mich im Moos, im Moos der Wiese ruhn,
in Deiner Schöpfung wildem Garten,
lass mich hier nicht länger warten.

Lass mich im Grund, im Grund zu Staub zerfallen,
dass fruchtbar wird das Samenkorn
und reifen kann zum Lebenssporn.

Lass mich zu Dir, zu Dir in Deine Nähe,
Du Allerhöchster am Altar,
mich Dir hingeben ganz und gar.

Lass mich im Moos, im Moos der Wiese ruhn
und nimm mich auf in Deinen Garten,
erlöse mich im Offenbarten.

Lass mich in Deiner Liebe sein.

Viele Menschen werden geboren,
um doch nicht zu leben.
Um die Wiedergeburt zu erlangen,
bedarf es eines langen Weges.
Mancher stirbt sein Leben lang.

Der große Schatten

Er war ihr Ein und Alles gewesen.
Sie verherrlichte, bewunderte und
verhätschelte ihren geliebten Mann,
schenkte ihm Kinder und hielt ihm
den Rücken frei.

So geschah es,
dass der Erhabene Karriere machte
und eine Sprosse nach der anderen erklomm.
Er wurde groß, größer, am größten
und sie wurde klein, kleiner, am kleinsten
und verschwand ganz
in der Größe seines Schattens.

Schließlich war der Schatten so schwarz,
dass das Licht sie blendete
und sie nichts mehr sehen konnte,
außer jener Schwärze,
dass diese Schwärze sie am Tag einholte
und irgendwann jedes Licht erlosch.

Eines Tages beschloss sie,
endgültig aus seinem Schatten zu treten
und tauschte das Schwarze seines Schattens
mit dem Schwarz des Menschenlosen.

Für einen Moment erstrahlte ihr Licht
und der Schatten ihres geliebten Mannes verschwand.

Dein Lächeln

für Andreas Jost

Wenn nur dein Lächeln
mir bliebe
der Rückhalt
deiner bunten Augen
die Farbe deiner Haut

unerklärlich
die blinde Umarmung der Nacht

über dein Haar
weht schon der Wind

Nichts bleibt unverändert.
Nur das ewige Wechselspiel
Geburt und Tod.
Doch wenn mitten im Leben
dich einer verlassen hat,
bleibt die Welt
für eine Weile stehen.

Oh du mein Herz

Oh du mein Herz, die Vogellieder klingen
von Tal zu Tal, vom Gipfel weit und breit.
Wenn all die Rosen welk, Sommer verklingen,
bist du, bist du weit fort, mein Herz ist voller Leid.

Kommst du zurück, wenn Sommerwiesen blühen
oder die Täler still schweigen im Schnee.
Ich wart auf dich, ob Schatten, Sonnen glühen.
oh du mein Herz, ich wart, bis ich dich wiederseh.

Kommst du erst, wenn verstummt die Vogelkehle.
Wenn ich gegangen bin aus dieser Zeit,
findet dein Herz den Ruheort der Seele,
bete für mich ein Ave und gebenedeit.

Hör ich dein Wort, die Stimme wird mich wecken,
alles wird leicht und süßer als vorher.
Sprich mir von Liebe durch die Rosenhecken.
Oh du mein Herz, ich weiß, wir lieben uns so sehr.

Im ewigen Meer

Treffen wir uns im ewigen Meer,
wenn ich frage, wann kehr ich heim,
erinnre mich, du fehlst mir so sehr,
doch die Zeit hält alles geheim.

Unser Garten blühte vor Glück,
voller Zärtlichkeit und voll Licht.
Stürme und Regen blieben zurück,
unser Haus berührte dies nicht.

Wolkenrot der Himmel einst war,
jeder Wind blies uns ins Gesicht.
Brannte das Feuer sternenklar,
sahen wir die Gräben dort nicht.

Auf den Bergen schreibt Wolkenrot
deine Worte silbern ins Blau,
steig zu dir ins ewige Boot,
Fischersmann und Fischersfrau.

Auferstehn

Drapiere den Morgen
in heiliges Blau
Stufe zu Stufe ein Himmelreich

erklimme atemlos
erste Sprossen
verletze mich
am gradlinigen Schnitt
der Fugen

leugne den Schmerz
der die Hoffnung nimmt
aufzuerstehn
nach dem täglichen Fall

suche das Licht
es hinauszutragen
aus der Verstrickung
es hinüberzuretten
in den Garten
wo der erntet
der nicht sät

Stilles Leben

Verwitterte Felsbrocken
Stühle aus Stein
auf der Parkterrasse

Arena der Zeder
nahe der Martinskirche
die Stille wiegt
über Grabstätten

hinter der Mauer
das Denkmal der Gefallenen
letzten Jahrhunderts
mahnt
mit staubigen Augen

im Blätterfall
stöbern Standvögel

Martinskirche in Püttlingen-Köllerbach

Martinskirche

Was wäre aus dir geworden
Martinskirche
im französischen Saarland

L'église Saint-Martin
unter dem Schutzpatronat Frankreichs
Gedenkstätte der Roten Zone

Was wäre aus dir geworden
Martinskirche
im französischen Saarland

Außenstelle der westeuropäischen Union
Längst sind die neuen Grenzen gefallen
im vereinten Europa

Was ist aus dir geworden
Martinskirche
im saarländischen Köllerbach

Gebetshaus aller Christen
Versammlungsstätte der Gläubigen

Karl-Ludwig Rug
würde Johannes Hoffmann die Hand reichen
Robert Schuman war hier

Denkstunde

Für Paul Celan

Bittre Blätter Geschichte, wir essen sie täglich, wir essen
sie täglich,
an deine Väter, mein Deutschland, an deine Täter denk ich.
Seh' ich den Staub vor den Augen der Väter,
seh' ich den Staub vor den Augen der Kinder,
eurer Kinder, ihr Väter, eurer Kinder, ihr Täter,
Kindertäter, mein Deutschland, Kindertäter seh' ich.

Ein junger Deutscher wirft Steine, schlägt blutig den
Nachbarn,
grölt laut deinen Namen, deinen Namen, mein Deutschland,
im Namen der Väter, mein Deutschland,
Kindertäter in Deutschland, Kindertäter seh' ich.

Da draußen wachsen Parolen aus alten Tagen der Väter,
den Tagen der Täter aus Deutschland, Todesschwadronen
sind unterwegs.
Sie rufen die Helfer herbei, sie strömen, sie strömen,
die neuen Helfer, mein Deutschland, die Helfer der
Kindertäter,
die Väter der Täter, die Mütter der Täter,
wie schreibt man die Namen, Deutschland, Kindertäter
seh' ich.

Es kommen die neuen Tage, es kommen neue Geschichten,
neue alte Geschichten, aus neuen alten Köpfen, aus neuer
schwarzer Tinte,
es kommen Geschichten aus Deutschland, Geschichten
der Kinderväter,
Geschichten von Kindertätern, mein Deutschland,
Kindertäter seh' ich.

Da draußen wächst wieder das Schweigen,
da draußen versiegen die Rufe, die Rufe der Opferväter,

die Rufe der Opfermütter, wer schreibt sie, wer greift sie
auf?
Wann wird das Schweigen verstummen, wann werden
die Rufe gehört,
die Rufe der Retter und Richter, die Rufe der Denker und
Dichter?
Wann wird es laut in Deutschland; die Stimmen der
Toten,
mein Deutschland, die Stimmen rufen dich.

Die blinden Helfershelfer versagen den Opfern die
Rechte,
Rechte der Menschen in Deutschland, Rechte der
Opferkinder,
das Recht auf das Recht, mein Deutschland, das Recht zu
leben such' ich.
Es kommen dunkle Zeiten, es kommen schwarze Tage,
Opfertage in Deutschland, Todesopfer seh' ich.

Die Meisterschüler, mein Deutschland, die Kinder, die
Enkel der Väter,
sie finden wieder Helfer, Helfershelfer für Täter.
Die Helfer der Helfershelfer schütteln die Hände und lachen.
Es geht ein Lachen durch Deutschland, das Lachen der
Meisterschüler,
das Lachen der Helfershelfer, mein Deutschland, geißelt
dich.

Bittre Blätter Geschichte, wir essen sie täglich, wir essen
sie täglich,
an deine Toten, mein Deutschland, an deine Opfer denk ich.

heimat du

in deinen armen lass mich ausruhn
das heimliche flüstern deines kaminfeuers
wärmt wieder ich hänge meine kleider
an den haken bürgerlicher wegwerfnormen
nur schutzlose nacktheit ist mein gewand
denn du bist die nähe der erde
und mutter du der freundschaft

in deinen straßen knistern die
schweigenden laute unendlicher sehnsucht
sehnsucht nach frieden und vereinigung
denn du heimat bist überall
deine unausgesprochenen worte sind
weises streicheln ihr sanftmut
wird zertrampelt von den stiefeln der kreuzritter

dein aufgerissenes land trägt tiefe spalten
fahnen wehen über furchen und fußspuren
stacheldraht ist deine haut geruch der verwesung
zerschneidet dich faul oh heimat
land du der trennung und des todes
das heiße wachs trost schmerzt schwer die suche
nach dem winkel geborgenheit ist zweiwegig

Feiertag

Was bist du mir,
mein liebes Land,
das einst sich selbst begrub:
masochistische Heimat,
entrückter Traum,
politisches Allerlei.

Wenn die Einheit eint,
singen alle das Deutschlandlied.
Jeder Einheitstag ein Gedenktag
für die Ermordeten, Gefallenen,
Vergewaltigten, Vertriebenen.

Nationale Feiertage,
mit Blutschrift geschrieben,
ins Heldenhafte überhöht,
mit Paradigmen chiffriert,
im Völkischen gebannt.

Menschenfeiertage,
unerschütterliche Hoffnung,
Glaubensfrage,
Zukunftsvision,
in Menschenliebe verrannt.

Bücher von Vera Hewener

Vermisstenanzeige. Gewidmet den ermordeten Juden des Naziregimes. Lyrik und Prosa. Vera Hewener. Libri BoD. Norderstedt 2000. ISBN 3-8311-0748-3. 2. erw. Auflage 2014. ISBN 978-3831107483.

Lichtflut. Reisenotizen. Lyrik und Prosa. Vera Hewener. Edition Calamus. Norderstedt 2001. ISBN 3-8311-1493-5. 2. erw. Auflage 2014. ISBN 987-3831114931.

Eine Neigung aus Blau. Gegenwartslyrik. Vera Hewener. Norderstedt 2002. ISBN 3.8311-3334-4. 2. Auflage 2014. ISBN 9783831133345

Bist Himmel mir und tausend Feuerfunken. Gedichte. Vera Hewener. Mauer Verlag. Rottenburg a/N. 2003. ISBN 3-937008-46-2.

Verwirbelungen der Zeit. Vera Hewener. Lyrik mit Bildern von Carolin Isele. WiKu Éditions Paris E.U.R.L. Paris und WiKu Verlag KG Berlin 2005. ISBN 3-86553-203-9.

Es kommen andere Ewigkeiten. Gedichte. Vera Hewener. WiKu Édition Paris ISBN 2-84976-0188 WiKu Verlag 2007. ISBN 978-3-86553-189-6.

Himmelsstürme. Vera Hewener. Gedichte mit Fotografien. edition Wort Verlag Bitburg 2010. ISBN 978-3-936554-00-3.

Das Jahr: Dichtung in vier Sätzen. Vera Hewener. Gedichte mit Fotografien. BoD Books on Demand Norderstedt 2013. ISBN 978-3-7322-3168-3.

Zaubervolle Winterwelt. Gedichte, Geschichten, Notizen. Vera Hewener. Verlag BoD Books on Demand. Norderstedt 2014. ISBN 9783735761262.

Frühlingsserenade. Die schönsten Gedichte, Geschichten und Notizen zur Frühlingszeit. Vera Hewener. Verlag BoD Books on Demand. Norderstedt 2015. ISBN 978-37347-3140-2.

Die Blüte des Sommers. Sommeranthologie. Die schönsten Gedichte, Geschichten und Kalendernotizen. Vera Hewener. Verlag BoD Books on Demand. Norderstedt 2015. ISBN 978-3-7347-89540.

In der Saar schwimmen keine Krokodile. Gegenwartslyrik & Texte. Vera Hewener. Verlag BoD Books on Demand. Norderstedt 2015. ISBN 9783738635676

Von Lorraine nach Aquitaine. Reisenotizen in Lyrik und Prosa. Vera Hewener. Verlag BoD Books on Demand. Norderstedt 2016. ISBN 9783741210860.

Du trocknest meine Tränen wieder. Religiöse Lyrik & Texte. Vera Hewener. Verlag BoD Books on Demand. Norderstedt 2016. ISBN 9783743113589.

Zaubervolle Jahreszeiten. Der Frühling. Vera Hewener. Verlag BoD Books on Demand. Norderstedt 2017. ISBN 9783743125117.

Aus meinem Federkiel. Magische Momente. Natur & Seele. Gedichte. Vera Hewener. Verlag BoD Books on Demand. Norderstedt 2017. ISBN 9783744870511.

Zaubervolle Jahreszeiten. Der Sommer. Vera Hewener. Verlag BoD Books on Demand. Norderstedt 2017. ISBN 9783744870993.

„Kerzen, Wunder, Himmels-Zunder". Vera Hewener. Lustige und besinnliche Geschichten und Gedichte zur Advents- und Weihnachtszeit. Verlag BOD Books on Demand. Norderstedt 2017. ISBN 9783744893824. 2. Ausgabe 2019. ISBN 9783738629682.

Die Jahreszeiten: Auslese. Gedichte. Vera Hewener. Verlag BOD Books on Demand. Norderstedt 2018. ISBN 9783738636017

Werkausgabe Band I. Frühe Gedichte 1970-1999. Verlag BOD Books on Demand. Norderstedt 2018. ISBN-13: 9783746025292

Kinder, Hund, Familienbund. Lustiges, Tierisches und Allzumenschliches in Lyrik und Prosa. Vera Hewener. Verlag BOD Books on Demand. Norderstedt 2018. ISBN 9783746056821

Zaubervolle Jahreszeiten. Der Herbst. Vera Hewener. Verlag BoD Books on Demand. Norderstedt 2018. ISBN 9783752842135

Christnacht, Glocken, Engelslocken. Gedichte und Geschichten zur Weihnacht. Vera Hewener. Verlag BoD Books on Demand. Norderstedt 2018. ISBN 9783748107637. 2. Ausgabe 2019. ISBN 9783741251641

In der Saar feiern die Fische. Gegenwartslyrik & Szenen. Vera Hewener. Verlag BoD Books on Demand. Norderstedt 2019. ISBN 9783732237142. 2. Auflage 2020. ISBN 9783752810080

Von Brandasund bis Nasholim. Reisegedichte, lyrische Ausflüge, Geschichten und Notizen. Vera Hewener. Verlag BoD Books on Demand. Norderstedt 2019. ISBN 9783732235841.

Tannen, Lobgesang, Weihnachtsklang. Gedichte, Geschichten, Liedtexte und Bühnenstücke zur Advents- und Weihnachtszeit. Vera Hewener. Verlag BoD Books on Demand. Norderstedt 2019. ISBN 9783750400030.

In der Saar tanzen die Schwäne. Gedichte, Geschichten & Szenen. Vera Hewener. Verlag BoD Books on Demand. Norderstedt 2020. ISBN 9783751921060.

Zaubervolle Weihnachtswelt. Geschichten, Gedichte, Stücke & Notizen zur Advents- und Weihnachtszeit. Vera Hewener. Verlag BoD Books on Demand. Norderstedt 2020. ISBN 9783752606409.

Weihnachtsklang, Lobgesang. Deutsche Gedichte und Nachdichtungen internationaler Weihnachtslieder, Gospels, Spirituals und deutsche Weihnachtslieder in moselfränkischer Mundart. Vera Hewener. Verlag BoD Books on Demand. Norderstedt 2020. ISBN 9783752606393.

Sodom und Camorra. Kurze Bühnenstücke für viele Gelegenheiten. Vera Hewener. Verlag BoD Books on Demand. Norderstedt 2020. ISBN 9783752606386

Oh Frühling, komm! Natur, Stadt & Land. Die schönsten Frühlingsgedichte. Vera Hewener. Verlag BoD Books on Demand. Norderstedt 2021. ISBN 9783753439594

Oh Sommer, leuchte. Natur, Stadt & Land. Die schönsten Sommergedichte. Vera Hewener. Verlag BoD Books on Demand. Norderstedt 2021. ISBN 9783753421414